Göttliche Führung
Die Weisheit des Korans und der Hadithe erschließen

Ebrahim Essa

Im Namen Allahs, des Barmherzigen, des Barmherzigen.

Dieses Buch wurde ausschließlich aus Liebe, Barmherzigkeit und Freude an Allah geschrieben, den ich aufrichtig darum bitte, die Sünden meiner verstorbenen Eltern, meiner Schwester, meiner Familie und meiner Gläubigen zu vergeben und ihnen Zutritt zu Seinem höchsten ewigen Garten des Paradieses zu gewähren.

(Sure Al-Isra 17:24)

"Mein Herr! Sei ihnen gegenüber barmherzig, denn sie haben mich großgezogen, als ich jung war."

(Sure Ar Rad 13:23-24)

Gärten der Ewigkeit, die sie zusammen mit den Gerechten unter ihren Eltern, Ehepartnern und Nachkommen betreten werden. Und die Engel werden aus jedem Tor zu ihnen eintreten und sagen: „Friede sei mit dir für dein Ausharren." Wie herrlich ist die ultimative Wohnstätte!"

(Sure Al-Fatihah 1:1-7)

Im Namen Allahs – des Barmherzigen und Barmherzigen.

Alles Lob gebührt Allah – dem Herrn aller Welten.

der Barmherzigste, Barmherzigste,

Meister des Jüngsten Gerichts.

Dich allein beten wir an und Dich allein bitten wir um Hilfe.

Führe uns auf dem geraden Weg.

den Weg derer, die Du gesegnet hast – nicht derer, mit denen Du unzufrieden bist, oder derer, die in die Irre gehen.

Einführung

Im Namen Allahs, des Barmherzigen, des Barmherzigen
Aller Lob und Ruhm gebührt Allah, dem Herrn der Welten. Ich bezeuge, dass es keinen Gott außer Allah gibt und dass Muhammad sein Diener und Gesandter ist.

(Sure Al-An'am 6:153)
Tatsächlich ist das mein Weg – vollkommen gerade. Folge ihm also und folge keinen anderen Wegen, denn sie werden dich von Seinem Weg abbringen. Das ist es, was Er dir befohlen hat, damit du dir Allahs vielleicht bewusst wirst."

Der Koran ist das größte literarische muslimische Buch der Geschichte und bleibt bis heute makellos und intakt, genau so, wie er vor mehr als 1400 Jahren offenbart wurde.

(Sure Al-Isra 17:88)
Sag, oh Prophet: „Wenn alle Menschen und Dschinn zusammenkommen würden, um das Äquivalent dieses Korans zu schaffen, könnten sie nicht sein Gleiches schaffen, egal wie sehr sie sich gegenseitig unterstützen würden."

Der Koran ist die höchste Grundlage der göttlichen Führung für jeden Muslim. Hadith hingegen, der Träger der Sunnah des Propheten (Allahs Frieden und Segen seien auf ihm) ist. wird heute von vielen Muslimen als kontroverses Thema angesehen.

Traditionelle Muslime glauben, dass Hadithe eine genaue historische Quelle sind, die die Worte, Taten und Zustimmungen des Propheten bewahren (Möge Allahs Frieden und Segen auf ihm sein). Es gibt jedoch einige Koranisten, die alle Hadithe ablehnen und sich für einen koranzentrierten Ansatz einsetzen.

Westliche Gelehrte, darunter auch kritisch denkende Muslime, glauben, dass Hadith-Texte nicht zuverlässig auf die wörtlichen Worte des Propheten zurückgeführt werden können (Möge Allahs Frieden und Segen auf ihm sein).

Dieser Glaube basiert auf der Historisch-kritische Methode, die den Ursprung von Hadith-Texten untersucht und sich mit den historischen und kulturellen Ereignissen zur Zeit der Hadith-Schreibung befasst.

Die unterschiedlichen Meinungen über die Notwendigkeit und Zuverlässigkeit von Hadithen im Kontext des Korans haben bei den Muslimen zu Verwirrung geführt, was einige wichtige Fragen aufgeworfen hat.

Warum brauchen wir Hadith, wenn wir den Koran haben? Folgen wir einem Hadith, der einem Vers des Korans widerspricht? Hat der Prophet (Möge Allahs Frieden und Segen auf ihm sein) eine andere Offenbarung als den Koran erhalten?

War Mohammed der letzte Prophet und Gesandte? Warum werden die Thora und das Evangelium im Koran erwähnt?

Dieses Buch beantwortet einige dieser und weitere Fragen durch die Zitierung von Koran- und Hadithtexten.

Ich bitte Allah, den Allerhöchsten, den Barmherzigen, meine bescheidene Anstrengung anzunehmen und dass dieses Buch der gesamten Menschheit eine Quelle der Führung und des Nutzens bietet.

Mögen der Friede und der Segen Allahs herrschen Mohammed, sein Sklave und Gesandter, seine Gefährten, die anderen Propheten und Gesandten, alle ihre Familien und alle, die ihnen in Gerechtigkeit nachfolgen.

(Sure Al-Ankabut 29:69)

Was diejenigen betrifft, die für unsere Sache kämpfen, wir werden sie sicherlich auf unserem Weg führen. Und Allah ist gewiss mit denen, die Gutes tun.

KAPITEL EINS

Die Notwendigkeit von Hadithen

(Sure An-Nahl 16:44)

Wir schickten sie mit klaren Beweisen und göttlichen Büchern. Und Wir haben zu dir, o Prophet, die Erinnerung herabgesandt, *damit du den Menschen erklären kannst, was ihnen offenbart wurde, und sie vielleicht zum Nachdenken anregen.*

(Sure Ali-Imran 3:164)

Wahrlich, Allah hat den Gläubigen einen großen Gefallen getan, indem er einen Gesandten aus ihrer Mitte erweckte:*Er rezitierte ihnen seine Offenbarungen, reinigte sie und lehrte sie das Buch* und Weisheit.

Denn in der Tat waren sie zuvor offensichtlich auf Abwege geraten.

Hadithe sind Berichte über die Sunna des Propheten (Der Friede und Segen Allahs seien auf ihm). Dazu gehören die Aussprüche, Taten und Traditionen des Propheten Mohammed, die heute als Hauptquelle im islamischen Recht dienen.

Die Sunnah des Gesandten Allahs (Allahs Segen und Frieden seien auf ihm) ist das Vehikel der Hadithe. Wir können die Sunnah nur durch den Koran und die Hadithe verstehen. Der Ursprung jedes Hadith-Textes liegt im Koran und der Sunnah des Propheten Mohammed.

Abu Najeeh al-Irbaad ibn Saariyah (möge Allah mit ihm zufrieden sein) sagte:

Der Gesandte Allahs (Allahs Frieden und Segen seien auf ihm) hielt uns eine Predigt, bei der unsere Herzen mit Angst erfüllt wurden und Tränen in unsere Augen traten.

Also sagten wir: „O Gesandter Allahs! Es ist wie eine Abschiedspredigt, also beraten Sie uns." Er (Allahs Frieden und Segen seien auf ihm) sagte: „Ich rate dir, Taqwa (Angst) vor Allah zu haben und deinem Führer zuzuhören und ihm zu gehorchen, selbst wenn ein Sklave dein Ameer werden sollte."

Wahrlich, wer unter euch lange lebt, wird große Kontroversen erleben *Du musst dich an meine Sunnah und an die Sunnah der Khulafa ar-Rashideen (der rechtgeleiteten Kalifen) halten.* diejenigen, die den rechten Weg weisen.

Halten Sie sich mit Ihren Backenzähnen hartnäckig daran fest. Hüten Sie sich vor neu erfundenen Dingen in der Religion, wahrlich jeder Ketzerei (Innovation) ist Irreführung."

Auch von Abu Dawud in Tirmidhi überliefert

Kategorien von Hadithen basierend auf Erzählern

Es gibt drei Kategorien von Hadithen, die auf Überlieferern basieren und von Muslimen weithin akzeptiert werden.

Hadith Qudsi (heilig)

Hadith Qudsi wird direkt Allah zugeschrieben, wobei der Gesandte Allahs (Allahs Frieden und Segen seien auf ihm) Botschaften von Allah durch Inspiration oder Traum übermittelte und der Ummah dann die Bedeutung in seinen eigenen Worten mitteilte.

Mutawatir (konsekutiv)

Hadith angesehen als authentisch, weil es von einer großen Anzahl von Gefährten des Propheten berichtet wurde (Möge Allahs Frieden und Segen auf ihm sein). Ein praktisches Beispiel für den Mutawatir-Hadith ist der Hadsch, das Fasten, die Zakat, die Koranrezitation und die Ausübung der fünf täglichen Gebete.

Die Zahl der verbalen Mutawatir-Hadith, die dem Propheten zugeschrieben werden, ist gering und fraglich, da es unter Gelehrten keinen Konsens über eine genaue Zahl gibt.

Ahad (isoliert)

Hadithe, deren Anzahl nicht die Massenübermittlungen der Mutawatir-Hadith erreicht. Ahad Hadith wird weiter in Gharib, Aziz und Mashhur eingeteilt.

Gharib (Seltsam, erschreckend)

Ein einziger Hadith-Übermittler berichtet es zu jedem Zeitpunkt des Hadith Anrechnung. (Autoritätskette)

Aziz (stark, selten)

Zwei Übermittler von Hadithen erzählen es zu jedem Zeitpunkt des Tages Anrechnung. (Autoritätskette)

Berühmt

Es gibt mehr als zwei Überlieferer von Hadithen, die sie zu jedem Zeitpunkt des Hadith überliefern Anrechnung. (Autoritätskette)

Klassifikationen von Hadithen

Die Klassifizierung von Hadithen, ob sie nun Sahih, Hasan, Da'if oder Mauda sind, hing von der Vertrauenswürdigkeit, Frömmigkeit, dem Wissen, der Integrität und dem guten Gedächtnis der Übermittler ab. Auch die Erzähl- und Textkette muss vollständig sein, ununterbrochen, zuverlässig und muss mit anderen Sendern bestätigt werden.

Sahih (Ton)

Hadith mit einer vollständigen, zuverlässigen und ununterbrochenen Sanad (Übertragungskette) und Text. (Text) Die Übermittler müssen außerdem für ihre Ehrlichkeit, ihr Wissen, ihre Frömmigkeit, ihre Integrität und ihr gutes Gedächtnis bekannt sein.

Hasan (gut)

Hadith mit unvollständigem Sanad (Überlieferungskette) oder mit Übermittlern, deren Autorität oder Erinnerung fraglich ist. Der Hadith reicht aus, um als unterstützender Beweis herangezogen zu werden.

Da'if (schwach)

Hadith, wo die Sender bzw Text (Text) unterliegen ernsthafter Kritik. Ein Beispiel hierfür ist, dass die Sender bekanntermaßen lügen, übermäßige Fehler machen oder sich den Erzählungen zuverlässigerer, vertrauenswürdiger Sender widersetzen.

Maudu (hergestellt, geschmiedet)

Der Text des Hadith widerspricht den Daten und Zeiten einer bestimmten Hadith-Berichterstattung. Auch der Wortlaut ist dem eines authentischen Hadith entgegengesetzt.

Das Hauptaugenmerk der Muslime nach dem Tod des Propheten (Friede sei mit ihm) war der Koran. Dies war größtenteils auf die Bemühungen der Gefährten des Propheten zurückzuführen, nämlich Abu Bakr, Umar, Uthman und Ali (möge Allah mit ihnen zufrieden sein), die die Menschen dazu zwangen, dem Koran zu folgen und gleichzeitig die Verbreitung von Hadithen einzudämmen. Die Gefährten des Propheten wollten nicht, dass die Gläubigen die Verse des Korans mit denen der Hadithe verwechseln.

Nach dem Tod des Heiligen Propheten versammelte Abu-Bakr Menschen und sagte: „Ihr berichtet über den Gesandten Allahs, der widersprüchliche Überlieferungen hat." Die Leute, die nach Ihnen kommen, werden in eine noch intensivere Diskrepanz verwickelt sein.

Berichten Sie daher nichts über den Gesandten Allahs, und wenn Sie jemand danach fragt, sollten Sie sich als Schiedsrichter auf das Buch Allahs beziehen.

Sie sollten daher alles, was rechtmäßig ist, für rechtmäßig halten darin enthalten und alles, was darin ungesetzlich ist, für ungesetzlich zu halten.

Erzählt von Al-Dahbiy

Umar erlaubte während seiner Herrschaft als Kalif den Gefährten des Propheten nicht (Möge Allahs Frieden und Segen auf ihm sein) ohne seine Erlaubnis frei reisen zu dürfen, weil er nicht wollte, dass sie Hadith verbreiten. Uthman hob die Reisebeschränkungen auf, als er der nächste Kalif wurde.

Die Gefährten des Propheten (Möge Allahs Frieden und Segen auf ihm sein) *wie* Abdullah ibn Abbas, Anas ibn Malik, Abu Hurayrah, Abdullah ibn Masud und andere dokumentierten Hadithe.

Abu Juhaifa (möge Allah mit ihm zufrieden sein) sagte:

Ich fragte Ali (möge Allah mit ihm zufrieden sein): „Haben Sie das Wissen über eine göttliche Inspiration außer dem, was in Allahs Buch steht?" Ali antwortete: „Nein, *von Ihm, der das Korn spaltet und die Seele erschafft. Ich glaube nicht, dass wir über ein solches Wissen verfügen, aber wir haben die Fähigkeit zu verstehen, mit der Allah einen*

Menschen ausstatten kann, damit er den Koran verstehen kann, und wir haben auch das, was in diesem Papier geschrieben steht."

*Ich fragte, "**Was steht in diesem Papier?***Er antwortete: „Das Verständnis, die Freilassung des Gefangenen und dass ein Muslim nicht von einem Ungläubigen getötet werden sollte."*

Überliefert von Al-Bukhari

Der Konsens unter den Gefährten des Propheten (Möge Allahs Frieden und Segen auf ihm sein) und Muslime war, dass Hadithe durch Auswendiglernen und Mundpropaganda gelernt werden sollten. Dies änderte sich zum schriftlichen Text, als man befürchtete, dass diejenigen, die kein gutes Gedächtnis hatten, die Hadith-Erzählungen vergessen würden.

Fudhayl ibn Ḥasan ibn ʿAmr ibn Umayyah überlieferte von seinem Vater, der sagte:

Ich erzählte Abu Hurayrah von einem Hadith und er bestritt ihn. Ich sagte: „Ich habe es von dir gehört." Abu Hurayrah sagte: „***Wenn Sie es von mir gehört haben, muss ich es geschrieben haben****." Dann nahm er mich mit zu sich nach Hause, zeigte mir Bücher mit vielen Hadithen des Propheten und fand diese Hadithe.

Abu Hurayrah sagte dann: „Wie ich schon sagte, falls ich es Ihnen jemals erzählt habe, ist dieser Hadith in meinem aufgezeichnet.

Überliefert von Ibn Abd al-Barr

Das früheste Manuskript für Hadith ist eine einzelne Seite des Muwatta von Imam Malik aus dem Jahr 179 n. Chr.

Die Rivalität zwischen den Umayyaden und den Abbasiden führte zur Entstehung der Hadith-Zusammenstellung.

Die Umayyaden-Dynastie nutzte Hadith als ihre mächtigste politische Waffe, um ihre Herrschaft über die Kontinente Europa, Asien und Afrika durchzusetzen und auszuweiten. Auf diesen Kontinenten lebten große Bevölkerungsgruppen mit multikulturellem, ethnischem und religiösem Hintergrund.

Dies führte zur Zusammenstellung zahlreicher Hadithe, die in juristischen, konfessionellen und theologischen Debatten gefälscht wurden. Aufgrund der widersprüchlichen und konkurrierenden sektiererischen, Stammes- und theologischen Ideologien zu dieser Zeit schuf es auch eine Gelegenheit und Motivation für die Schaffung neuen Hadith-Materials.

Dies öffnete die Tür für die Massenfälschung von Hadithen, da es keine Kontrollmaßnahmen wie eine Geschichtsschreibung etablierter wissenschaftlicher Traditionen gab, um die Überlieferung von Hadithen zu überprüfen, zu verifizieren und zu authentifizieren.

Die Fälschung von Hadithen, die Ibn Abbas (möge Allah mit ihm zufrieden sein) zugeschrieben wird, hat im Laufe der Zeit erheblich zugenommen. Die Zahl der Ibn Abbas zugeschriebenen Hadithe beträgt eintausendsechshundertsechzig Hadithe.

Dies berücksichtigt den Bericht von neun oder zehn Hadithen, die Ibn Abbas tatsächlich vom Propheten gehört hat (Möge Allahs Frieden und Segen auf ihm sein) und sein Bericht über das, was der Prophet sagte, im Vergleich zu der Hadith-Überlieferung, die er von den anderen Gefährten gehört hatte.

Ibn Umar (möge Allah mit ihm zufrieden sein) wurden zweitausendsechshundertdreißig Hadithe zugeschrieben und er gilt nach Abu Huraira (möge Allah mit ihm zufrieden sein) als der zweithäufigste Hadith-Erzähler.

Der folgende Hadith widerspricht der Erzählung, dass Ibn Umar viele Hadithe überliefert habe.

Es wurde überliefert, dass Abdullah bin Abu Safar sagte: „Ich hörte Ash-Sha'bi sagen: *„Ich saß ein Jahr lang bei Ibn Umar und hörte nicht, wie er etwas vom Gesandten Allahs erzählte* Gott (ﷺ)"

Überliefert von Ibn Majah

Das Bedürfnis nach Isnads

Das Bedürfnis nach Isnads (Überliefererkette) als bestimmender Faktor für die Zuverlässigkeit und Glaubwürdigkeit von Hadithen entstand erst während der Zweiten Fitna.

Dies war die Zeit ziviler, politischer und militärischer Unruhen und Unruhen das frühe Umayyaden-Kalifat.

Abu Ja'far Muhammad bin us-Sabbah erzählte uns, Ismail bin Zakariyya erzählte uns im Auftrag von Asim il-Ahwal, im Auftrag von *Ibn Sirin, das sagte er*:

„Sie würden nicht nach den Erzählketten fragen, und als die Fitnah stattfand, sagten sie: „Nennen Sie uns Ihre Männer." Also wurden die Ahl us-Sunnah betrachtet und ihre Hadithe wurden dann übernommen, und die Ahl ul-Bi'dah (Erneuerer) wurden betrachtet und ihre Hadithe wurden nicht genommen.

Erzählt von Muslim

Die Kodifizierung von Hadithen begann im 8. Jahrhundert während der Herrschaft von Umar bin Abdul Aziz, der während der Umayyadenzeit einen monumentalen positiven Einfluss auf das muslimische Reich hatte.

Umar bin Abdul Aziz gilt aufgrund seiner visionären transformativen Veränderungen als einer der edelsten Herrscher in der muslimischen Geschichte, gleich nach den vier rechtgeleiteten Kalifen Abu Bakr, Umar, Uthman und Ali (möge Allah mit ihnen zufrieden sein).

Damals galt die Regel, dass der Isnad (Erzählungskette) bestätigt und vollständig sein muss und dass die Erzähler für ihr Wissen, ihre

Frömmigkeit, ihre Integrität und ihr gutes Gedächtnis bekannt sein müssen.

Der Hadith sollte auch nicht im Widerspruch zum Koran und anderen authentischen Hadithen stehen. Die Regel war jedoch schwach, da es keine Kritik am Inhalt des Hadith selbst gab.

Die Integrität, Frömmigkeit und das Wissen der Erzähler wurden hoch geschätzt und daher nicht in Frage gestellt. Dies führte dazu, dass niemand den Inhalt des Hadith selbst untersuchte und in Frage stellte.

Aufgrund der Bemühungen der frühen muslimischen Gelehrten, Hadithe zu authentifizieren, *Wer heute einen Hadith zitiert, wird dies nicht tun, ohne seinen Isnad zu erwähnen. (Erzählkette)*

Diese Bestätigung führte zur Entstehung von sechs Hadith-Bücher, die Muslime heute als primäre Quelle der Sunnah des Propheten betrachten (Der Friede und Segen Allahs seien auf ihm).

Die beiden bekanntesten Hadith-Gelehrten sind Al-Bukhari und Muslim, die aufgrund ihrer strengen Kriterien als Hadith-Kritiker gelten können Isnads (Erzählerkette)

Sahih Al-Bukhari und Sahih Muslim gelten heute nach dem Koran als die authentischste islamische Literatur. Die anderen vier Bücher stammen von **Sunan Abi Dawud, Sunan al-Nasa`i, Sunan Ibn Majah und** Jami **al-Tirmidhi.**

Die Literatur aus den sechs Hadith-Büchern unterscheidet sich in ihrem Authentizitätsgrad, da einige authentisch sind, andere widersprüchliche Überlieferungen enthalten und im Allgemeinen voller Widersprüche sind.

Traditionelle Muslime glauben, dass Hadithe eine sehr zuverlässige historische Quelle sind. Säkulare kritische Geschichtswissenschaftler bestreiten dies so stark, dass viele Hadith-Überlieferungen ablehnen, weil sie nicht zuverlässig auf die tatsächlichen Worte des Propheten zurückgeführt werden können **Prophet** (Möge Allahs Frieden und Segen auf ihm sein).

Dies warf die Frage auf, ob die Berichte des Propheten war zuverlässig und wurden seine Worte genauso genau wie die des Korans bewahrt.

(Sure Al-Hijr 15-9)

Es sind sicherlich Wir, die die Erinnerung offenbart haben, und *Es sind sicherlich Wir, die es bewahren werden.*

DIES FÜHRTE IM 19. Jahrhundert auch zur Entstehung einer Bewegung namens „Quranist", die den gesamten Hadith-Korpus ablehnte und die Autorität des Propheten in Frage stellte (Möge Allahs Frieden und Segen auf ihm sein).

Ihr Glaube und ihre Argumentation basierten auf der Tatsache, dass der Prophet hatte keine Autorität, außer den Koran zu überbringen.

(Sure An-Nahl 16:82)

Aber wenn sie sich abwenden, dann *Deine Pflicht, oh Prophet, besteht nur darin, die Botschaft klar zu übermitteln.*

Die sunnitischen Traditionalisten sind anderer Meinung und zitieren immer den folgenden berühmten Vers, um zu beweisen, dass dies nicht der Fall war.

(Sure An-Nisa 4:59)

O Gläubige! Gehorcht Allah und gehorcht dem Gesandten und den Autoritäten unter euch. Sollten Sie über irgendetwas uneinig sein, dann wenden Sie sich an Allah und seinen Gesandten, wenn Sie wirklich an Allah und den Jüngsten Tag glauben. Das ist die beste und fairste Lösung.

Der obige Vers besagt implizit: *Gehorche Allah und gehorche dem Bote.* Das Wort *gehorchen* steht nicht vor den Autoritäten unter euch. Dies impliziert: „Ja, gehorcht den Autoritäten unter euch, solange es nicht gegen den Koran und die Sunnah des Propheten (Allahs Frieden und Segen seien auf ihm) verstößt."

19

Der Vers fährt fort: „Solltest du in irgendetwas anderer Meinung sein, dann wende dich an Allah und seinen Gesandten, wenn du wirklich an Allah und den Jüngsten Tag glaubst." Dies bezieht sich auf den Koran und die Sunna des Propheten.

(Sure Al-Ahzab 33:36)
Es steht einem gläubigen Mann oder einer gläubigen Frau nicht zu, in dieser Angelegenheit eine andere Wahl zu haben, wenn Allah und Sein Gesandter eine Angelegenheit beschließen. Tatsächlich ist jeder, der Allah und Seinem Gesandten ungehorsam ist, offensichtlich weit in die Irre gegangen.

Die Sunnah erweitert und schränkt den Hadith ein. In den Hadith-Büchern wird beispielsweise nicht erwähnt oder detailliert beschrieben, wie Salah ausgeführt wird. Für den Fall, dass ein Revert alle Bücher der Hadithe erhält und Zehntausende von Hadithen liest, wird er immer noch nicht wissen, wie man Salah verrichtet.

Nur durch die Sunnah, die übliche, verbindliche, ewige Lebenspraxis des Propheten (Möge Allahs Frieden und Segen auf ihm sein) dass Muslime heute verstehen und wissen, wie man betet.

Die Sunnah erklärt auch Hajj, Zakat und Fasten sowie die praktische Anwendung der Lehren des Korans in unserem täglichen Leben.

Malik (möge Allah mit ihm zufrieden sein) erzählte:

Wir kamen zum Propheten (Möge Allahs Frieden und Segen auf ihm sein) und blieb zwanzig Tage und Nächte bei ihm. Wir waren alle jung und etwa gleich alt.

Der Prophet war sehr freundlich und barmherzig. Als er unsere Sehnsucht nach unseren Familien erkannte, fragte er nach unseren Häusern und den Menschen dort und wir erzählten es ihm.

Dann bat er uns, zu unseren Familien zurückzukehren und bei ihnen zu bleiben, ihnen die Religion beizubringen und ihnen zu befehlen, gute Dinge zu tun. Er erwähnte auch einige andere Dinge, an die ich mich erinnerte oder die ich vergessen hatte.

Der Prophet fügte dann hinzu: *„Bete, wie du mich beten gesehen hast* und wenn es Zeit für das Gebet ist, sollte einer von euch den Adhan sprechen und der Älteste von euch sollte das Gebet leiten."*

Überliefert von Al-Bukhari

Hadith über das Lügen gegen den Propheten

HADITHE SIND IM ALLGEMEINEN voller Widersprüche. Das Problem besteht heute darin, dass die Mehrheit der Muslime auf Hadithe hört und sie als authentisch akzeptiert.

Ein Beispiel ist der folgende Hadith, der massenhaft überliefert wurde und die Gefährten des Propheten einschließt (Möge Allahs Frieden und Segen auf ihm sein). Das Wort wird absichtlich in einem Hadith verwendet und im anderen nicht.

Es ist wichtig zu beachten, dass beide Hadithe von Al-Bukhari stammen und es zwei verschiedene Versionen desselben Hadith von Ali und Anas, beides Gefährten des Propheten, gibt.

Ali (möge Allah mit ihm zufrieden sein) überlieferte:

Der Prophet (Möge Allahs Frieden und Segen auf ihm sein) *sagte,* **"Lügen Sie nicht gegen mich, denn *wer auch immer eine Lüge gegen mich erzählt* dann wird er sicherlich das Höllenfeuer betreten."**

Überliefert von Al-Bukhari

Anas (möge Allah mit ihm zufrieden sein) berichtete:

Die Tatsache, die mich davon abhält, Ihnen eine große Anzahl von Hadithen zu erzählen, ist, dass der Prophet (Möge Allahs Frieden und Segen auf ihm sein) sagte:

"*Wer mich absichtlich belügt*, dann soll er doch seinen Platz im Höllenfeuer einnehmen."

Überliefert von Al-Bukhari

Der Unterschied in der Formulierung wirkt sich grundlegend auf das Verständnis und die Bedeutung religiöser Überzeugungen aus. Es ist wichtig, den Kontext des Hadith selbst zu betrachten, ihn mit parallelen Hadithen zu vergleichen und sicherzustellen, dass er keinem Vers im Koran widerspricht.

Aisha (möge Allah mit ihr zufrieden sein) erzählte:

Mein Vater hatte fünfhundert Hadithe des Propheten gesammelt. In der Nacht, in der er es tat, wälzte er sich im Bett hin und her. Ich fragte: „Haben Sie eine Krankheit oder haben Sie etwas gehört?" Am Morgen sagte er: „Meine Tochter! Bring mir die Hadithe, die ich dir gegeben habe." Ich habe sie mitgebracht. Er wollte etwas Feuer und verbrannte sie.

*Als ich ihn fragte, warum er sie verbrannte, sagte er: „Ich möchte nicht sterben, wenn ich diese Hadithe bei mir habe, weil **Ich befürchte, dass es Hadithe gibt, die nicht ursprünglich so sind, wie sie berichtet werden, obwohl ich sie von Menschen gehört habe, denen ich vertraue; Ich habe Angst, sie so zu erzählen.**"*

Erzählt von Al-Dahbiy

Hadith über das Essen toter Wale

Allah verbietet im folgenden Vers, das verwesende Fleisch toter Tiere zu essen. Dieser Vers gilt nur für Landtiere und nicht für Meeresbewohner.

(Sure Al-Ma'idah 5:3)

Aas, Blut und Schweine sind dir verboten; was im Namen eines anderen als Allahs geschlachtet wird; was durch Würgen, Schlagen, Fallen oder Aufspießen getötet wird; was von einem Raubtier teilweise gefressen wird, es sei denn, man schlachtet es; und was auf Altären geopfert wird.

Du bist auch das Auslosen ist verboten Entscheidungen. Das ist alles böse. Heute haben die Ungläubigen jede Hoffnung aufgegeben, Ihren Glauben zu untergraben. Also fürchtet euch nicht vor ihnen; fürchte mich! Heute habe ich deinen Glauben für dich vervollkommnet, meine Gunst an dir vollendet und den Islam als deinen Weg gewählt. Wer jedoch von extremem Hunger getrieben wird und nicht die Absicht hat zu sündigen, für den ist Allah wahrlich allverzeihend und barmherzig.

Der Hadith über das Essen des toten Wals scheint dem Koran zu widersprechen, stellt aber tatsächlich den Vers klar:*Aas, Blut und Schweine sind dir verboten.*"

Abu 'Abdullah Jabir ibn 'Abdullah (möge Allah mit ihm zufrieden sein) berichtete:

Der Gesandte Allahs (Allahs Frieden und Segen seien auf ihm) schickte uns aus, eine Karawane der Quraysh abzufangen, und er ernannte Abu Ubaydah (möge Allah mit ihm zufrieden sein) zu unserem

Kommandeur. Als Proviant gab er uns einen Sack Datteln, außer dem fand er nichts für uns.

Abu Ubaydah gab uns immer ein Date nach dem anderen. Er wurde gefragt: „Was hast du damit gemacht?" Er sagte: „Wir saugten daran, so wie ein Baby saugt, und tranken danach etwas Wasser, das für einen Tag bis zur Nacht reichte."

Wir schlugen auch die Blätter der Bäume mit unseren Stöcken ab, tränkten sie dann in Wasser und aßen sie." Er fuhr fort: „Wir machten uns dann auf den Weg zur Meeresküste, wo uns so etwas wie ein riesiger Hügel erschien. Als wir dorthin kamen, stellten wir fest, dass es sich um ein Tier namens Al-Anbar (Pottwal) handelte.

Abu 'Ubaydah sagte: „Es ist ein totes Tier." Dann sagte er: „Nein, vielmehr sind wir die Gesandten des Gesandten Allahs (Allahs Frieden und Segen seien auf ihm) und wir sind für die Sache Allahs ausgezogen. Jetzt seid ihr durch die Notwendigkeit gezwungen, also könnt ihr essen." Wir aßen davon einen Monat lang, bis wir satt waren und dreihundert Mann zählten.

Und tatsächlich habe ich gesehen, wie wir in Krügen Fett aus der Augenhöhle herausgeschöpft haben und daraus Stücke wie einen Stier oder die Größe eines Stiers herausgeschnitten haben.

Abu Ubaydah nahm dreizehn Männer von uns und setzte sie in die Höhle seines Auges. Er nahm eine seiner Rippen und reparierte sie, dann sattelte er unser größtes Kamel und es ging unter Es ist die Rippe.

Große Fleischstücke nahmen wir als Proviant für die Heimreise mit. Als wir in Medina ankamen, gingen wir zum Gesandten Allahs (Allahs Frieden und Segen seien auf ihm) und erzählten ihm alles davon.

Daraufhin sagte er: „Es ist die Nahrung, die Allah für dich hervorgebracht hat. Hast du irgendetwas von seinem Fleisch bei dir, damit du?" würde füttere uns?" *Wir schickten dem Gesandten Allahs (Allahs Frieden und Segen seien auf ihm) etwas von seinem Fleisch, das er aß.*

Überliefert sowohl von Al-Bukhari als auch von Muslim

Weitere Erläuterungen finden sich im folgenden Koranvers und Hadith-Text.

(Sure Al-Ma'idah 5:96)

Es ist Ihnen erlaubt, Meeresfrüchte zu jagen und zu essen, als Proviant für Sie und Reisende. Während der Pilgerreise ist Ihnen die Jagd an Land jedoch verboten. Achtet auf Allah, zu dem ihr alle versammelt werdet.

Hadith über Meerwasser

Abu Huraira (möge Allah mit ihm zufrieden sein) berichtete:
Der Prophet, Friede und Segen seien auf ihm, wurde nach Meerwasser gefragt und er sagte: „Sein Wasser reinigt für die Waschung und." **seine toten Tiere dürfen gegessen werden."**

Erzählt von At-Tirmidhi

Der Hadith über Meerwasser ergänzt und erklärt den Hadith über das Essen des toten Wals. Daher ist es wichtig, Hadith im Kontext anderer paralleler Hadith-Texte sowie des Korans zu untersuchen und zu verstehen.

Erlaubnis des Propheten, Hadithe aufzuschreiben

Der Prophet (Möge Allahs Frieden und Segen auf ihm sein) verbot das Schreiben von Hadithen während der Offenbarung des Korans, um sicherzustellen, dass Hadithe nicht mit dem Koran vermischt werden. Das Hauptaugenmerk lag damals auf der Offenbarung des Korans und nicht auf Hadithen.

Abu Said al-Khudri (möge Allah mit ihm zufrieden sein) berichtete, dass der Gesandte Allahs (möge Allahs Frieden und Segen seien auf ihm) sagte: *„Schreiben Sie nichts von mir,* Wer von mir etwas anderes als den Koran geschrieben hat, der lösche es aus und erzähle es von mir, denn daran ist nichts Falsches."

Erzählt von Muslim

Das Verbot wurde nach der Offenbarung des Korans aufgehoben. Die mündliche Hadith-Rezitation wurde gefördert und Menschen, die befürchteten, die Überlieferung zu vergessen, wurde die Erlaubnis erteilt, Hadithe aufzuschreiben. Der ***Hadith von Abu Schah*** ist ein typisches Beispiel.

Abu Huraira (möge Allah mit ihm zufrieden sein) überlieferte:

Im Jahr der Eroberung von Mekka wurde der Stamm der Khuza`a töteten einen Mann aus dem Stamm Bam Laith aus Rache für eine getötete Person, die ihnen gehörte Vorislamisch Zeit der Unwissenheit.

Also stand Allahs Apostel auf und sagte: „Allah hielt die Armee mit Elefanten aus Mekka zurück, aber Er ließ zu, dass Sein Apostel und die Gläubigen die Ungläubigen von Mekka überwältigten. Vorsicht! Mekka ist ein Heiligtum! Wahrlich! In Mekka war es niemandem erlaubt, zu kämpfen." vor mir, noch wird es irgendjemandem nach mir erlaubt. Es war mir nur für eine Weile, etwa eine Stunde, dieses Tages erlaubt.

Kein Zweifel! Es ist in diesem Moment ein Heiligtum; seine dornigen Sträucher sollten nicht entwurzelt werden; seine Bäume sollten nicht gefällt werden; und gefallene Dinge sollten nur von jemandem aufgehoben werden, der nach ihrem Besitzer sucht.

Und wenn jemand getötet wird, hat sein nächster Verwandter das Recht, zwischen zwei Dingen zu wählen, nämlich entweder Blutgeld oder Vergeltung, indem er den Mörder töten lässt." Dann stand ein Mann aus dem Jemen namens Abu Shah auf und sagte: *Schreiben Sie das für ich, oh Gesandter Allahs (Möge Allahs Frieden und Segen auf ihm sein)!" Allahs Gesandter sagte an seine Gefährten: „Schreiben Sie das für Abu Shah."* Dann stand ein anderer Mann aus Quraish auf und sagte: „O Allahs Gesandter! (Möge Allahs Frieden und Segen auf ihm sein) Außer Al-Idhkhir (eine besondere Grasart), wie wir es in unseren Häusern und für Gräber verwenden." Allahs Gesandter (Möge Allahs Frieden und Segen auf ihm sein) sagte: „Außer Al-idhkkir."

Überliefert von Al-Bukhari

Abdullah ibn Amr (möge Allah mit ihm zufrieden sein) berichtete:

Ich wollte alles aufschreiben, was ich vom Gesandten Allahs (Allahs Frieden und Segen seien auf ihm) hörte, und wollte es auswendig lernen, aber die Quraysh sagten mir, ich solle es nicht tun.

Sie sagten: „Schreiben Sie alles auf, was Sie von ihm hören? Der Prophet ist ein Mensch! Er spricht, wenn er wütend und zufrieden ist." Also habe ich aufgehört, Dinge aufzuschreiben. Ich erwähnte es dem Propheten, und er zeigte auf seinen Mund und sagte: *„Schreibe, denn bei dem, in dessen Hand meine Seele ist, kommt nichts daraus heraus als die Wahrheit."*

Erzählt von Abu Dawud

Hadith über die dreimalige Wiederholung einer Aussage durch den Propheten

Der Prophet (Möge Allahs Frieden und Segen auf ihm sein) war geduldig und wiederholte eine Aussage dreimal, um sicherzustellen, dass die Leute ihre Bedeutung verstanden.

Der Grund dafür war auch, den Menschen, die befürchteten, die Worte des Propheten zu vergessen, genügend Zeit zu geben, sie aufzuschreiben.

Anas bin Malik (möge Allah mit ihm zufrieden sein) erzählte

dass der Gesandte Allahs (Allahs Frieden und Segen seien auf ihm) es tun würde *Wiederholen Sie eine Aussage dreimal* damit es verstanden werden kann.

Erzählt von At-Tirmidhi

Hadith des Niederschreibens auf Papier

U baidullah bin Abdullah *(möge Allah mit ihm zufrieden sein)* *überlieferte:*

Ibn ʿAbbas sagte: „Als die Krankheit des Propheten (Möge Allahs Frieden und Segen auf ihm sein) **wurde schlimmer, sagte er,** *„Bringen Sie mir Schreibpapier und ich werde für Sie eine Erklärung verfassen, nach der Sie nicht in die Irre gehen.“ Aber Umar sagte: „Der Prophet ist schwer krank und wir haben Allahs Buch bei uns und das reicht für uns.“ Aber die Gefährten des Propheten waren sich darüber nicht einig und es gab ein Geschrei.*

Daraufhin sagte der Prophet zu ihnen: „Geht weg und lasst mich in Ruhe.“ Es ist nicht richtig, dass du vor mir streitest.“

Ibn ʿAbbas kam heraus und sagte: „Es war äußerst bedauerlich (eine große Katastrophe), dass Allahs Gesandter (Möge Allahs Frieden und Segen auf ihm sein) *wurde aufgrund ihrer Meinungsverschiedenheit und ihres Lärms daran gehindert, diese Erklärung für sie zu verfassen.*

Überliefert von Al-Bukhari

Der Hadith ist offen für Interpretationen darüber, was der Prophet sagte (Möge Allahs Frieden und Segen auf ihm sein) **wollte vor seinem Tod aufschreiben. Wollte er Ali, Umar oder einen der anderen Gefährten zu seinem Nachfolger ernennen oder seine Anweisung bekräftigen, dass die Gläubigen dem Koran und seiner Sunnah folgen sollten?**

Umars Aussage *„Der Prophet ist schwer krank und wir haben Allahs Buch bei uns und das reicht uns.“* **wirft auch einen Schatten**

des Zweifels an der Echtheit des Hadith auf Der Koran war zu diesem Zeitpunkt noch nicht in Buchform zusammengestellt.

Hadith-Kritik

Hadithe wurden zunächst mündlich und später schriftlich überliefert. Der Aufwand zur Authentifizierung von Hadithen wäre größer gewesen, wenn sie nur auf die mündliche Überlieferung beschränkt gewesen wäre.

Tatsache ist, dass das Gedächtnis unzuverlässig ist und die Paraphrasierung von Hadithen zu Änderungen ihres tatsächlichen Textes und ihrer Bedeutung führen kann. Die damaligen Muslime mussten Stammeskonflikte, Massenmigration und Veränderungen der Umwelt ertragen, die sich auf ihr Gedächtnis und die mündliche Überlieferung von Hadithen ausgewirkt hatten.

Shu'bah ibn al-Hajjaj, der als einer der führenden Gelehrten der Hadith-Kritik gilt, sagte:

„Ich kenne niemanden, der Hadithe untersucht hat und dessen Untersuchung mit meiner Untersuchung vergleichbar war. Ich habe herausgefunden, dass drei Viertel davon falsch sind."

Als die erste mündliche Überlieferung des Hadith stattfand, gab es keine schriftlichen Kontrollen. Dies steht im Gegensatz zum geschriebenen Koran, wo es eine solide Geschichte fundierten Hintergrundwissens und wissenschaftlicher Erkenntnisse gab. Die Gläubigen, die den Koran rezitierten, konnten sich immer auf den geschriebenen Korantext stützen, was eine Form der Kontrolle darstellte.

Abdullah ibn Lahi'ah, ein berühmter ägyptischer Hadith-Gelehrter, sagte:

„Ein Ketzer, der seine falschen Lehren gegenüber mir bereut hatte. Er sagte *„Untersuchen Sie sorgfältig, von wem Sie diese Hadithe* *übernommen haben, denn wahrlich, wann immer wir uns auf den Weg zu einer Lehre machten, würden wir sie in Hadithe umwandeln.*"

Die ersten vier Jahrhunderte der Hadith-Tradition konzentrierten sich auf die Kritik des Isnad (Überlieferungskette), die eine Kritik am Inhalt des Hadith selbst ausschloss.

Al-Bukhari, Muslim, Ahmad bin Hanbal und andere verwendeten bestätigende Überlieferungen, um Hadithe zu authentifizieren, was bis zu einem gewissen Grad funktionierte. Der Grund dafür ist die problematische frühere Periode der Hadithe, da es keine gab isnads (Überlieferungskette) vorhanden, um Hadithe zu authentifizieren.

Das bedeutet, dass Hadith-Kritiker ab dem 8. Jahrhundert versuchten, dies zu tun *wenden ihre Methoden an, um Hadith-Überlieferungen vor einhundert bis einhundertfünfzig Jahren zu authentifizieren.*

Dies erwies sich aufgrund der hergestellten Parallele als unwirksam isnads (Überlieferungskette) für Hadithe in der früheren Zeit, was es schwierig macht, zwischen authentischen und erfundenen Hadithen zu unterscheiden.

Es entstehen Lücken in der Zeitleiste *der Elefant im Raum* Heute, wann immer jemand Hadith zitiert. Der Grund dafür ist, dass es, wenn jemand einen Hadith zitiert, sei es in der Moschee oder auf einer öffentlichen Plattform, mindestens eine oder mehrere skeptische Personen gibt, die die Frage stellen würden: *„Hat der Prophet (Möge Allahs Frieden und Segen auf ihm sein) Wirklich Sag das eigentlich?"*

Der Hadith wurde spät geschrieben, was aufgrund der früheren parallelen Widersprüchlichkeit Interpretationsspielraum lässt isnads (Überlieferungskette) für Hadith. Das bringt *Hadith näher an der Sphäre des Skeptizismus als die wörtlichen Worte des Propheten (Möge Allahs Frieden und Segen auf ihm sein).*

Hadithe sind eine Notwendigkeit, da sie uns Informationen über die Sunnah des Propheten liefern (Möge Allahs Frieden und Segen auf ihm sein) und bietet Kontext zu Koranversen. Es bietet uns auch Einblick in die Ansichten und Meinungen früherer Generationen von Muslimen.

Muslimische Sekten wie Sunniten, Schiiten, Salafi, Sufi, Wahabi usw. akzeptieren alle, dass Hadithe notwendig sind, um den Koran und die Sunnah des Propheten zu verstehen (Möge Allahs Frieden und Segen auf ihm sein) **auch wenn sie möglicherweise Meinungsverschiedenheiten haben, wenn es um Hadithe geht.**

Trotz ihrer unterschiedlichen Interpretationen und Verständnisse schätzen Muslime den Koran und die Hadithe als Quelle der Orientierung für ihren religiösen Glauben hoch.

KAPITEL ZWEI

Unterschiede zwischen Koran und Hadith

(Sure Al-Ankabut 29:45)
Rezitiere, was dir über das Buch offenbart wurde, und bete.
Der Koran wird in jedem Gebet rezitiert, während Hadithe nicht im Gebet rezitiert werden können.

(Sure Al-Isra 17:88)
Sprich, oh Prophet: „Wenn alle Menschen und Dschinn zusammenkommen würden, um das Äquivalent dieses Korans zu schaffen, könnten sie nichts Gleichwertiges schaffen, egal wie sehr sie es unterstützen.".
Der Koran enthält die reinen, unveränderten Worte Allahs, während die Hadithe den Worten und Taten des Propheten zugeschrieben werden ﷺ

(Sure An-Najm 53:2-4)
Dein Gefährte (Muhammad) ist weder in die Irre gegangen, noch hat er einen Fehler begangen. Er spricht auch nicht aus eigener Neigung. Es handelt sich nicht nur um eine offenbarte Offenbarung.
Der Koran wurde dem Propheten Muhammad vom Engel Gabriel überbracht, während Hadithe Erzählungen über das Leben des Propheten sind aus Quellen wie Bukhari, Muslim und anderen.

(Sure Fatir 35:29-30)
Gewiss können diejenigen, die das Buch Allahs rezitieren, das Gebet verrichten und von dem spenden, was Wir für sie bereitgestellt haben – heimlich und offen – auf einen Austausch hoffen, der niemals scheitern wird. damit Er sie in vollem Umfang belohnen wird und

vermehre sie Seiner Gnade. Er ist wirklich allverzeihend und äußerst dankbar.

Die Rezitation des Korans bringt bemessene Belohnungen und Tugenden mit sich, während die Rezitation von Hadithen ein Mittel zur Barakah ist. (Segen)

(Sure Al-Baqarah 2:106)
Wenn Wir jemals einen Vers aufheben oder ihn in Vergessenheit geraten lassen, ersetzen Wir ihn durch einen besseren oder ähnlichen. Wisst ihr nicht, dass Allah zu allem fähig ist?

Der Koran ist ein Wunder und einzigartig. Hadithe haben nicht das gleiche Maß an Staunen und Ehrfurcht. Ein Hadith kann niemals einen Vers des Korans außer Kraft setzen.

(Sure Al-Waqi'ah 56:74-79)
Verherrlichen Sie also den Namen Ihres Herrn, des Größten. Ich schwöre also bei den Positionen der Sterne – und das ist, wenn Sie es nur wüssten, in der Tat ein großer Eid, dass dies wirklich ein edler Koran ist, in einer gut erhaltenen Aufzeichnung, die von niemandem außer den gereinigten Engeln berührt wurde.

Der Koran kann ohne Wudu oder im Zustand sexueller Unreinheit nicht berührt werden. Die Hadith-Bücher können im Zustand sexueller Unreinheit und ohne Wudu berührt werden.

(Sure Yusuf 12:2)
Tatsächlich haben Wir es als arabischen Koran herabgesandt, damit Sie es verstehen.

Der Koran kann nicht in der eigenen Sprache außer Arabisch rezitiert werden, während Hadithe in jeder anderen Sprache überliefert werden können.

(Sure Al-Ankabut 29:47)
Und niemand leugnet Unsere Offenbarungen außer den hartnäckigen Ungläubigen.

Sie können Ihren Iman (Glauben) verlieren, indem Sie einen Vers des Korans ablehnen. Dies ist nicht der Fall, wenn Sie eine Hadith-Überlieferung ablehnen.

(Sure Al-Hijr 15:9)

Es sind sicherlich Wir, die die Erinnerung offenbart haben, und es sind sicherlich Wir, Die sie bewahren werden.

Der Koran ist unvergleichlich und wird von Allah vor jeglicher Korruption geschützt. Hadithe werden nicht wie der Koran überliefert und sind voller Widersprüche.

KAPITEL DREI

Der Koran im Lichte der Hadithe

(Sure Ali-Imran 3:31)

Sag, oh Prophet: „Wenn du Allah aufrichtig liebst, dann folge mir; Allah wird dich lieben und deine Sünden vergeben. Denn Allah ist allverzeihend und barmherzig."

Der Koran ist eine göttliche schriftliche Offenbarung von Allah, während die Hadithe mündlich überliefert und später schriftlich dem Gesandten Allahs zugeschrieben wurden. (Mögen Allahs Segen und Frieden auf ihm sein)

(Sure Abasa 80:11-14)

Aber nein! Diese Offenbarung ist wirklich eine Erinnerung. Also, wer auch immer Testamente sei dir dessen bewusst. *Es steht auf zu Ehren gehaltenen Seiten* –hochgeschätzt, gereinigt.

Der Koran erläutert alles und ist der Same allen Wissens. Die Sunnah des Propheten erweitert und schränkt den Koran ein.

Der Grund dafür ist, dass die Sunnah den Kontext zu den Versen des Korans liefert und auch die Linse dafür ist, wie wir den Koran lesen und verstehen. Für den Fall, dass Muslime unterschiedlicher Meinung über die Interpretation eines Koranvers sind, schränkt die Sunnah die Grenzen einer solchen Interpretation ein.

(Sure Al-Baqarah 2:2)

Das ist das Buch! Daran besteht kein Zweifel – ein Leitfaden für diejenigen, die Allah gedenken.

Der Gesandte Allahs (Allahs Segen und Frieden seien auf ihm) sagte: „Mir wurde der Koran und etwas Ähnliches gegeben."

Al-Miqdam ibn Madikarib berichtete: Der Gesandte Allahs, Friede und Segen seien auf ihm, sagte: *„Mir wurde sicherlich der Koran und etwas Ähnliches gegeben.* Bald wird die Zeit kommen, in der sich ein Mann auf seinem Sofa zurücklehnen und sagen wird: „Folge nur dem Koran, mache das, was du darin findest, für rechtmäßig und verbiete, was du darin für ungesetzlich findest."

Erzählt von Abu Dawud

(Sure Al-Hashr 59:7)

Was auch immer der Bote Ihnen gibt, nehmen Sie es. Und was auch immer er dir verbietet, lass es. Und fürchtet Allah.

Der Koran bestätigt die Sunnah und erklärt die Hadithe.

Es wird geschätzt, dass achtzig Prozent des islamischen Rechts aus Hadithen und nicht aus dem Koran abgeleitet sind. Es gibt Zehntausende von Hadithen, von denen die meisten im Vergleich zu den wenigen gesetzlichen Bestimmungen des Korans rechtliche Auswirkungen haben.

Dies hat in der Ummah zu der Auffassung geführt, dass Hadithe die wörtlichen Worte Allahs seien. Es gibt keinen Vergleich oder Gleichwertigkeit mit Allah und dazu gehören auch Seine Worte.

(Sure Taha 20:14)

Ich bin es wirklich. Ich bin Allah! Es gibt keinen Gott, der es wert wäre, angebetet zu werden, außer Mir. Bete also nur mich an und bete für mein Andenken.

Es muss eine Wiederherstellung des Gleichgewichts zwischen Koran und Hadith stattfinden. Die koranische Perspektive muss wiederhergestellt werden, da die Hadith-Tradition den Koran überholt hat.

Die Verfassung Saudi-Arabiens ist der Koran. Es gibt kein Straf- oder Zivilgesetzbuch und Richter treffen ihre Entscheidungen auf der Grundlage der Scharia (islamisches Recht).

In einem Interview mit Al-Arabiya, Mohammed Bin Salman (MBS), der Kronprinz von Saudi-Arabien, sagte:

„Wenn es um die Scharia geht, muss die Regierung das tun *Koranvorschriften und -lehren mutawatir umsetzen (bekannter) Hadith,* und zu *Untersuchen Sie die Richtigkeit und Zuverlässigkeit der (isolierten) Ahad-Hadiths* und zu *Ignorieren Sie die Hadithe der Khabar (Hörensagen) vollständig, es sei denn, daraus ergibt sich ein klarer Nutzen für die Menschheit.“*

Also sollte es so sein *keine Strafe im Zusammenhang mit einer religiösen Angelegenheit, es sei denn, es gibt eine klare koranische Bestimmung,* und diese Strafe wird auf der Grundlage der Art und Weise umgesetzt, wie der Prophet sie angewendet hat.“

Dies hat zur Folge, dass einige islamische Gesetze verschwinden würden, etwa der Tod von Abtrünnigen und Homosexuellen sowie die Steinigung und Amputation der Hände von Dieben.

*Das bedeutet auch das **Nur zehn Prozent der gültigen Hadithe, die sich am Korantext orientieren, bleiben bestehen.***

Der *Wandel in der Ideologie* setzt *stärkere Betonung des Korans* und ein *Ablehnung von Hadithen, wenn diese nicht durch einen Koranvers ergänzt werden.*

Muslime rezitieren im Allgemeinen den Koran, ohne ihn zu verstehen, und verwechseln oft Verse des Korans mit den Texten von Hadithen.

Das islamische Recht basiert größtentcils auf detaillierten Anweisungen aus Hadith-Texten. Der Koran enthält allgemeine Gebote, während die Hadithe spezifische Details zu Koranversen enthalten.

Die Koranverse über Gebet, Fasten, Hadsch, Zakah und kommerzielle Transaktionen bedurften einer Klärung. Der Prophet (Möge Allahs Frieden und Segen auf ihm sein) demonstrierte praktisch die Verse des Korans, die viele Muslime heute als eine andere Offenbarung betrachten, die Sunnah genannt wird.

Der Hadith erweitert die Korantexte, wenn es um Gebet, Hadsch, Fasten usw. geht. Die Hadithtexte sind im Vergleich zu den Korantexten sehr umfangreich.

Sag, oh Prophet: „Das ist mein Weg.‟ Sag ihnen, dass dies mein Weg ist, der sehr klar und gerade ist. *Mein Ruf basiert auf fester Überzeugung, Vernunft, Wissen und Verständnis* – sowohl meine als auch die meiner Follower.

Die Worte des Korans und der Hadithe haben eine Bedeutung. Unsere Interpretation von Wörtern ist wichtig, da sie unsere Realität hinsichtlich der kontextuellen Bedeutung von Koran- und Hadithtexten prägt.

Unsere Argumentation auf der Grundlage fundierten Hintergrundwissens und Verständnisses wird uns darüber informieren, dass der Koran die Hauptquelle der göttlichen Offenbarung ist.

Die Gebote Allahs müssen befolgt werden. Der Koran, der die prägnanten und präzisen Worte Allahs darstellt, herrscht über die Sunnah. Es würde keinen Propheten geben (Möge Allahs Frieden und Segen auf ihm sein) oder göttliche Offenbarung ohne den Koran.

(Sure Ali Imran 3:7)

Er ist derjenige, der dir, o Prophet, das Buch offenbart hat, von dem einige Verse präzise sind – sie bilden die Grundlage des Buches –, während andere schwer zu fassen sind.

Diejenigen mit abweichendem Herzen folgen den schwer fassbaren Versen und versuchen, durch ihre falschen Interpretationen Zweifel zu verbreiten – aber niemand außer Allah erfasst ihre volle Bedeutung. Diejenigen, die über ein fundiertes Wissen verfügen, sagen: „Wir glauben an diesen Koran – er ist alles von unserem Herrn.‟ *Aber niemand außer vernünftigen Menschen wird sich dessen bewusst sein.*

Allah prüft Menschen mit schwer fassbaren Versen und diejenigen mit abweichenden Herzen werden durch ihre falschen Interpretationen Zweifel am Koran verbreiten.

Dies führt zu Verwirrung bei der Ummah, die sich auf Hadithe als Hauptquelle für Wissen und Führung beruft. Die Zusammenstellung und Beglaubigung von Hadithen gibt es bereits seit 1400 Jahren.

Hadithe, die im Allgemeinen voller Widersprüche sind, unterliegen heute Interpretationen, auch wenn viele Hadithe als die Hauptquelle des islamischen Rechts betrachten.

Dies bedeutet nicht, dass Hadithe vollständig abgelehnt werden sollten. Der Konsens sollte darin bestehen, dass Hadithe nicht isoliert betrachtet werden sollten.

Oft stellt sich die Frage: „Was ist, wenn der Koran keinen Hadith erwähnt, der als authentisch gilt?" Um seinen Kontext zu verstehen, sollte der Hadith untersucht und mit anderen parallelen Hadithen verglichen werden.

Der Grund dafür ist, dass *für jeden Zu einem wahren Hadith gibt es möglicherweise einen weiteren, ebenso parallelen und entgegengesetzten Hadith, der unwahr ist.* Dies gilt unabhängig davon, ob die Informationsquelle von Bukhari, Muslim oder anderen stammt.

Westliche Gelehrte, darunter auch Muslime, stehen Hadithen im Allgemeinen skeptisch gegenüber und wenden im Umgang mit Hadithen normalerweise die historisch-kritische Methode an.

Diese Methode beinhaltet die Untersuchung der historischen Ursprünge des Hadith-Textes und untersucht seine Quellen, das Datum, die Ereignisse, in denen der Text geschrieben wurde, sowie Personen, Orte, Bräuche und Dinge, die im Text erwähnt werden.

Es ist einfacher, einem praktischen Beispiel aus dem Leben des Propheten zu folgen, als Korantexten zu folgen und sie zu interpretieren. Ein Problem besteht auch darin, dass Arabisch nicht die Muttersprache der meisten Muslime ist, was es oft schwierig macht, es zu verstehen.

Die Klarheit des Korans wurde für die Sahabah in ihrer Zeitleiste deutlicher, als der Koran in ihrer Sprache und ihrem Dialekt offenbart wurde.

(Sure Yusuf 12:2)
Tatsächlich haben Wir es herabgesandt als *Arabischer Korandamit du es verstehst.*

Dies impliziert auch, dass der Prophet (Möge Allahs Frieden und Segen auf ihm sein) erklärte die tiefere Bedeutung der Verse, die im Koran nicht erwähnt wurden.

Die Mehrheit der Muslime benötigt heute einen Dolmetscher, um den Koran zu verstehen. Die Gelehrten wie die Imame und Scheichs können hierbei Unterstützung leisten, allerdings aus zeitlichen Gründen nur in begrenztem Umfang.

Zeit gilt in unserem geschäftigen, schnelllebigen Leben als Luxus. Wir haben familiäre, berufliche, soziale und religiöse Verpflichtungen. Wo finden wir Zeit, den Koran zu lernen und zu verstehen?

(Sure Al-Isra 17:106)

Es ist ein Koran, den Wir Ihnen schrittweise offenbart haben, damit Sie es können ***Rezitiere es den Leuten in einem bewussten Tempo.*** Und Wir haben es in aufeinanderfolgenden Offenbarungen herabgesandt.

Das digitale Zeitalter des Lernens bietet jedem die Möglichkeit, sich aktiv mit dem Koran auseinanderzusetzen und ihn zu lernen, indem er digitale Technologien und Ressourcen online über seinen Desktop, Laptop, Tablet, iPad-Smartphone, Smart-TV und andere nutzt.

Heutzutage gibt es kostenlose muslimische Apps, die Benutzer mit dem Koran verbinden, ihre Rezitation und das Auswendiglernen des Korans verbessern und dabei gleichzeitig positive Gewohnheiten entwickeln.

(Sure At-Tawbah 9:31)

Sie haben ihre Rabbiner und Mönche sowie den Messias, den Sohn Marias, zu Herren neben Allah gemacht, obwohl ihnen geboten wurde, nur einen Gott anzubeten. Es gibt keinen Gott außer Ihm, der es wert wäre, angebetet zu werden. Er ist verherrlicht über das, was sie mit ihm verbinden!

Der Prophet (Möge Allahs Frieden und Segen auf ihm sein) warnt uns auch davor, auf Gelehrte zu hören, deren ***Lehren sind gegen den Koran.***

Adiyy ibn Hātim (möge Allah mit ihm zufrieden sein) berichtete:

Ich hörte den Propheten (Allahs Frieden und Segen seien auf ihm) diesen Vers rezitieren: *„Sie haben ihre Gelehrten mitgenommen und Mönche als Herren außer Allah, und auch der Messias, der Sohn Mariyams.“*

Und es wurde ihnen nichts anderes geboten, als nur einen Gott anzubeten; Es gibt keine Gottheit außer Ihm. Erhaben ist Er über alles, was sie mit Ihm verbinden.

Also sagte ich zu ihm: „Wir verehren sie nicht.“ Er antwortete: *„Verbieten sie nicht, was Allah erlaubt, also verbieten Sie es? Erlauben sie nicht, was Allah verbietet, also erlauben Sie es?“* Ich sagte ja. Er sagte: *„So verehrt man sie.“*

Erzählt von At-Tirmidhi

Allah führt jeden, der versucht, den Koran zu lesen und zu verstehen, auf Seinem Weg.

(Sure Sad 38:29)

Dies ist ein gesegnetes Buch, das Wir dir, o Prophet, offenbart haben, damit sie es tun können *Betrachten Sie seine Verse, und vernünftige Menschen werden vielleicht aufmerksam sein.*

Der beste Weg, den Koran zu interpretieren, ist der Koran selbst und die Hadith-Texte.

Hadith-Texte dürfen keinem Vers des Korans widersprechen oder gegen Wissenschaft, Vernunft, Logik und gesunden Menschenverstand verstoßen. Der beabsichtigte interpretierte Koranvers selbst, die ersten fünf Verse davor und die fünf Verse danach müssen untersucht werden, um den vollständigen Kontext des Verses zu verstehen. Dies bietet einen praktischen Arbeitskontext beim Vergleich von Koranversen mit Hadith-Texten und umgekehrt.

Dies basiert auf der fundierten Überlegung, dass man, um etwas richtig zu verstehen, Dinge zusammenfassen muss, die nahe beieinander liegen oder ähnlich sind.

(Sure An-Najm 53:3-4)

Er spricht auch nicht über seine eigenen Launen. Es ist nur eine Offenbarung, die ihm herabgesandt wurde.

Die göttliche Offenbarung wurde dem Gesandten Allahs (Allahs Segen und Frieden seien auf ihm) zu einer Zeit offenbart, als der Prophet und seine Ummah mit großen Schwierigkeiten und Verfolgung konfrontiert waren.

Hadithe liefern einen wichtigen Kontext zum Verständnis der Ereignisse, die zur Offenbarung der Koranverse führten. Dazu gehört auch die Betrachtung des Korans und bietet den heutigen Muslimen Einblicke in die Art und Weise, wie sie Prüfungen und Schwierigkeiten überwinden können.

(Sure Saba 34:46)

Sag, oh Prophet: „Ich rate dir, nur eines zu tun: Stehe einzeln oder zu zweit für Allah auf." *dann reflektieren.*

Der Koran sind die Worte Allahs und nicht die Worte des Gesandten Allahs (Allahs Segen und Frieden seien auf ihm).

(Sure An-Nahl 16:82)

Aber wenn sie sich abwenden, besteht deine Pflicht, oh Prophet, nur darin, die Botschaft klar zu überbringen.

Der Gesandte Allahs (möge Allahs Segen und Friede auf ihm sein) war ein *wandelnder Koran* und das vollkommenste Beispiel, dem die Menschheit folgen kann, um den Koran zum Leben zu erwecken.

Qatadah (möge Allah mit ihm zufrieden sein) berichtete:

Ich sagte zu Aisha: „O Mutter der Gläubigen, erzähl mir etwas über den Charakter des Gesandten Allahs (Allahs Frieden und Segen seien auf ihm)."

Aisha sagte: „Hast du den Koran nicht gelesen?" Ich sagte: „Natürlich." Aisha sagte: „Wahrlich, *Der Charakter des Propheten Allahs war der Koran.*"

Erzählt von Muslim

Der Hadith im Kontext der Sira des Lebens des Gesandten Allahs (Allahs Segen und Frieden seien auf ihm) öffnet uns ein Fenster, um zu sehen, wie er die Koranverse praktisch im täglichen Leben anwendete.

(Sure Al-Ahzab 33:21)

In der Tat, **Im Gesandten Allahs haben Sie ein hervorragendes Beispiel** *f*oder wer auf Allah und den Jüngsten Tag hofft und oft an Allah denkt.

(Sure Al-Baqarah 2:269)

Er gewährt Weisheit, wem Er will. Und wer Weisheit erhält, ist gewiss mit einem großen Privileg gesegnet. ***Aber niemand außer vernünftigen Menschen wird sich dessen bewusst sein.***

Jundab bin Abdullah (möge Allah mit ihm zufrieden sein) berichtete:

Allahs Gesandter (Möge Allahs Frieden und Segen auf ihm sein) *sagte,* **„Rezitiere und studiere den Koran, solange du mit seiner Interpretation und Bedeutung einverstanden bist.** *Wenn Sie jedoch Meinungsverschiedenheiten hinsichtlich der Interpretation und Bedeutung haben, sollten Sie vorerst mit dem Rezitieren aufhören.*

Überliefert von Al-Bukhari

Allah öffnet den Weg zur Erkenntnis, wenn wir anfangen, beim Lesen des Korans Vernunft zu nutzen. Dies eröffnet wiederum ein neues Verständnis von Allahs göttlicher Offenbarung, das eine Antwort auf die Fragen liefern kann, mit denen jeder täglich in seinen eigenen persönlichen Prüfungen und Schwierigkeiten konfronticrt ist.

Hadith über die Rezitation des Korans auf sieben verschiedene Arten

Umar ibn al-Khattab (möge Allah mit ihm zufrieden sein) berichtete: Ich hörte Hisham ibn Hakim zu Lebzeiten des Gesandten Allahs (möge Allah ihn segnen) die Sure al-Furqan rezitieren.

Ich hörte seiner Rezitation zu und bemerkte, dass er sie auf viele Arten rezitierte, die mir der Gesandte Allahs (Allahs Frieden und Segen seien auf ihm) nicht beigebracht hatte. Also wollte ich mich während des Gebets auf ihn stürzen, aber ich wartete, bis er das Gebet beendet hatte, woraufhin ich ihn entweder an seinem Obergewand oder an meinem packte und ihn fragte: „Wer hat dir beigebracht, wie man diese Sure rezitiert?"

Er antwortete: „Der Gesandte Allahs (Allahs Frieden und Segen seien auf ihm) lehrte mich, wie man es rezitiert." Also sagte ich zu ihm: „Du hast gelogen! Bei Allah, der Gesandte Allahs (Allahs Frieden und Segen seien auf ihm) hat mir diese Sure beigebracht, die ich von dir rezitieren gehört habe."

Also machte ich mich auf den Weg und führte ihn zum Gesandten Allahs (Allahs Frieden und Segen seien auf ihm). Ich sagte: „O Gesandter Allahs, ich habe gehört, wie dieser Mann Surat al-Furqan auf eine Weise rezitierte, die du mir nicht beigebracht hast, und du hast mir beigebracht, wie man sie rezitiert."

Daraufhin sagte der Gesandte Allahs (Allahs Frieden und Segen seien auf ihm): „O Umar, lass ihn los! Rezitiere, oh Hisham." Also rezitierte Hischam vor ihm auf die Art und Weise, wie ich ihn rezitieren gehört hatte.

Der Gesandte Allahs (Allahs Frieden und Segen seien auf ihm) sagte: „Es wurde so offenbart." Dann sagte der Gesandte Allahs (Allahs Frieden und Segen seien auf ihm): „Rezitiere, oh Umar!" Also habe ich es rezitiert.

Der Prophet (Allahs Frieden und Segen seien auf ihm) sagte: „Es wurde so offenbart." Und dann fügte er hinzu: *„In der Tat wurde dieser Koran auf sieben verschiedene Arten offenbart, also rezitiere ihn auf die Art und Weise, die dir leicht fällt."*

Überliefert sowohl von Al-Bukhari als auch von Muslim

Hadith über die Belohnung für das Rezitieren des Korans

Muhammad bin Ka'b Al-Qurazi (Möge Allah mit ihm zufrieden sein) sagte:

„Ich hörte Abdullah bin Masud (möge Allah mit ihm zufrieden sein) sagen: Der Gesandte Allahs (möge Allahs Frieden und Segen seien auf ihm) sagte:

„Wer einen Brief aus Allahs Buch rezitiert, der erhält den Lohn daraus und den Lohn von zehn Gleichen.". Ich sage nicht, dass Alif Lam Mim ein Buchstabe ist, aber Alif ist ein Buchstabe, Lam ist ein Buchstabe und Mim ist ein Buchstabe.

Erzählt von At-Tirmidhi

Aisha (möge Allah mit ihr zufrieden sein) sagte:

Der Prophet (ﷺ) sagte: „Eine Person, die den Koran rezitiert und ihn auswendig beherrscht, wird bei den edlen, rechtschaffenen Schriftgelehrten im Himmel sein." *Und ein solcher Mensch, der sich Mühe gibt, den Koran auswendig zu lernen, und ihn mit großer Mühe rezitiert, wird eine doppelte Belohnung erhalten."*

Überliefert von Al-Bukhari

Hadithe, die dem Koran widersprechen

Muslime verehren den Koran als die primäre und reine Quelle göttlicher Offenbarungen. Es gibt jedoch einige, die behaupten, dass es bestimmte Hadithe gibt, die dem Koran widersprechen.

Hadithe sind im Allgemeinen voller Widersprüche. Jeder Hadith, der einem Vers im Koran widerspricht, sollte ernst genommen werden. Der folgende Vers besagt, dass es im Koran keine Widersprüche gibt. Das Gegenteil gilt für Hadith.

(Sure An-Nisa 4:82)

Denken sie dann nicht über den Koran nach? Wäre es von jemand anderem als Allah gekommen, hätten sie sicherlich viele Ungereimtheiten darin gefunden.

Die folgenden Hadithe stehen in völligem Widerspruch zum Koran. Diese Widersprüche werfen in der muslimischen Gemeinschaft Fragen über den Zweck und die Authentizität der Hadithe in Bezug auf den Koran auf.

Hadith über die Steinigung

(Surah An-Nur 24:2)
Was weibliche und männliche Hurer betrifft, gib jedem von ihnen hundert Peitschenhiebe, und lass dich aus Mitleid mit ihnen nicht nachsichtig bei der Durchsetzung des Gesetzes Allahs machen, wenn du wirklich an Allah und den Jüngsten Tag glaubst. Und lassen Sie eine Reihe von Gläubigen Zeugen ihrer Strafe werden.

Abdullah geb. Abbas berichtete, dass Umar b. Khattab saß auf der Kanzel des Gesandten Allahs (Möge Allahs Frieden und Segen auf ihm sein) und sagte:

Wahrlich, Allah hat Muhammad gesandt (Möge Allahs Frieden und Segen auf ihm sein) mit der Wahrheit und Er sandte das Buch auf ihn herab, und der Vers der Steinigung war in dem enthalten, was ihm herabgesandt wurde.

Wir haben es rezitiert, im Gedächtnis behalten und verstanden. *Allahs Gesandter (Möge Allahs Frieden und Segen auf ihm sein) mit der Steinigung zum Tode bestraft zum verheirateten Ehebrecher und Ehebrecherin* und nach ihm verhängten wir auch die Strafe der Steinigung.

Ich befürchte, dass die Menschen es mit der Zeit vergessen und sagen: „Wir finden die Strafe der Steinigung nicht im Buch Allahs" und so in die Irre gehen, indem sie diese von Allah vorgeschriebene Pflicht aufgeben.

Die Steinigung ist eine im Buch Allahs festgelegte Pflicht für verheiratete Männer und Frauen, die Ehebruch begehen wenn der

Beweis erbracht wird, eine Schwangerschaft vorliegt oder ein Geständnis vorliegt.

Erzählt von Muslim

Der Koran klärt auch die Strafe für Ehebruch für einen verheirateten Sklaven, die halb so hoch ist wie die Strafe für einen frei verheirateten Menschen.

(Sure An-Nisa 4:25)

Aber wenn einer von euch es sich nicht leisten kann, eine freie, gläubige Frau zu heiraten, dann soll er eine gläubige Magd heiraten, die von einem von euch besessen ist. Allah kennt den Stand eures und ihres Glaubens am besten.

Ihr seid voneinander. Heiraten Sie sie also mit der Erlaubnis ihrer Besitzer und geben Sie ihnen gerecht ihre Mitgift, wenn sie keusch sind, weder Promiskuität haben noch geheime Affären haben.

Wenn sie nach der Heirat Unzucht begehen, erhalten sie die Hälfte der Strafe wie freie Frauen. Dies ist für diejenigen unter Ihnen, die Angst haben, in Sünde zu fallen. Aber wenn Sie geduldig sind, ist es besser für Sie. Und Allah ist allverzeihend und barmherzig.

Hadith über Fürbitte

(Sure Az-Zumar 39:44)
Sagen, *„Alle Fürsprache gehört allein Allah.* Ihm gehört das
Königreich der Himmel und der Erde. Dann werdet ihr alle zu Ihm
zurückgebracht.“

Abdullah geb. Amr b. al-As (möge Allah mit ihm zufrieden sein)
berichtete, dass der Gesandte Allahs (möge Allah ihn in Ehren
halten und ihm Wohlergehen schenken) sagte:

Wenn du den Mu'adhdhin hörst, wiederhole, was er sagt, und erflehe
dann einen Segen für mich, denn jeder, der einen Segen für mich erfleht,
wird zehn Segenswünsche von Allah erhalten; Dann bitte Allah
al-Wasila um mich, was ein Rang im Paradies ist, der nur einem von
Allahs Dienern gebührt, und ich hoffe, dass ich dieser sein kann.

*Wenn jemand darum bittet, dass mir die Wasila gegeben wird,
wird er meiner Fürsprache versichert sein.*

Erzählt von Muslim

Hadith über sprudelndes Wasser

(Sure Al-Isra 17:90-93)

Sie fordern den Propheten heraus, *„Wir werden niemals an dich glauben, bis du für uns eine Quelle aus der Erde sprudeln lässt,* oder bis du einen Garten voller Palmen und Weinberge hast und darin reichlich Flüsse fließen,

oder lass den Himmel in Stücke auf uns fallen, wie du behauptet hast, oder führe Allah und die Engel vor uns, von Angesicht zu Angesicht oder bis du ein Haus aus Gold hast, oder du steigst in den Himmel auf – und selbst dann werden wir es nicht tun Glaube an deinen Aufstieg, bis du uns ein Buch bringst, das wir lesen können." Sagen, *„Ehre sei meinem Herrn! Bin ich nicht nur ein menschlicher Bote?*

Salim bin Abi Aj-Jad (möge Allah mit ihm zufrieden sein) überlieferte:

Jabir bin Abdullah sagte: „Am Tag von Al-Hudaibiya (Vertrag) wurden die Menschen sehr durstig. Ein kleiner Topf mit etwas Wasser stand vor dem Propheten." (Möge Allahs Frieden und Segen auf ihm sein) Und als er die Waschung beendet hatte, stürmten die Leute auf ihn zu.

Er fragte: „Was ist los mit dir?" Sie antworteten: „Wir haben kein Wasser, weder für die Waschung noch zum Trinken, außer dem, was vor dir liegt." *Also legte er seine Hand in den Topf und das Wasser begann wie Quellen zwischen seinen Fingern zu fließen.*

Wir tranken alle daraus und vollzogen die Waschung." Ich fragte Jabir: „Wie viele waren Sie?" Er antwortete: „Selbst wenn wir hunderttausend gewesen wären, hätte es für uns gereicht, aber wir waren fünfzehnhundert."

Überliefert von Al-Bukhari

Hadith über die Vernunft

(Sure Al-Anfal 8:22)
Tatsächlich sind die Schlimmsten aller Lebewesen in den Augen Allahs *absichtlich taub und stumm, die nicht verstehen.*

Jundub (möge Allah mit ihm zufrieden sein) berichtete:

Der Prophet (Allahs Frieden und Segen seien auf ihm) sagte: *Wenn jemand das Buch Allahs im Lichte seiner Meinung interpretiert, auch wenn er recht hat, hat er einen Fehler begangen.*

Erzählt von Abu Dawud

Hadith weiter Apostasie

Der Koran erwähnt keine Bestrafung auf Erden für den Verzicht auf religiöse Überzeugungen, sondern verschiebt sie vielmehr auf das Leben nach dem Tod.

(Sure An-Nisa 4:136-137)

O Gläubige! Vertraue Allah, seinem Gesandten, dem Buch, das er seinem Gesandten offenbart hat, und den Schriften, die er zuvor offenbart hat. *Tatsächlich ist jeder, der Allah, Seine Engel, Seine Bücher, Seine Gesandten und den Jüngsten Tag leugnet, offensichtlich weit in die Irre gegangen.*

Tatsächlich glaubten diejenigen, die glaubten, dann ungläubig, dann glaubten sie und wieder ungläubig, und ihr Unglaube nahm nur noch zu. Allah wird ihnen weder vergeben noch sie auf den richtigen Weg führen

Ikrima (möge Allah mit ihm zufrieden sein) berichtete:

Ali verbrannte einige Menschen und diese Nachricht erreichte Ibn Abbas, der sagte: „Wäre ich an seiner Stelle gewesen, hätte ich sie nicht verbrannt, wie der Prophet." (Möge Allahs Frieden und Segen auf ihm sein) sagte,

„Bestrafe niemanden mit Allahs Strafe." Zweifellos hätte ich sie für den Propheten getötet (Möge Allahs Frieden und Segen auf ihm sein) sagte, *„Wenn jemand (ein Muslim) seine Religion aufgibt, töte ihn."*
Überliefert von Al-Bukhari

KAPITEL VIER

Andere Offenbarung als der Koran

(Sure Al-Ma'idah 5:92)
Gehorche Allah und gehorche dem Gesandten und sei vorsichtig! Aber wenn Sie sich abwenden, dann wissen Sie, dass die Pflicht unseres Gesandten nur darin besteht, die Botschaft klar zu übermitteln.

(Sure Al-Haqqah 69:44-47)
Hätte der Gesandte in Unserem Namen etwas erfunden, hätten Wir ihn sicherlich an seiner rechten Hand gepackt und dann seine Aorta durchtrennt, und keiner von euch hätte ihn vor Uns schützen können! Allah befiehlt uns, dem Gesandten zu gehorchen und warnt davor, dass er sterben würde, wenn er im Namen Allahs etwas erfinden würde.

(Sure Al-Jinn 72:26-28)
Er ist der Kenner des Unsichtbaren und verrät nichts davon an irgendjemanden, außer an Boten seiner Wahl. Dann ernennt Er Schutzengel vor und hinter ihnen, um sicherzustellen, dass die Boten die Botschaften ihres Herrn vollständig überbringen – obwohl Er bereits alles über sie weiß und über alles Buch führt."

Der obige Vers unterstreicht die Tatsache, dass Allah neben der Offenbarung der Schriften auch Botschaften an die Gesandten offenbarte. Die göttlichen Offenbarungen Allahs entsprechen der Sunnah des Gesandten Allahs (Allahs Segen und Frieden seien auf ihm).

Der Gesandte Allahs (Allahs Frieden und Segen seien auf ihm) erhielt weitere Offenbarungen, die im Koran nicht erwähnt werden. Die folgenden Verse beweisen eindeutig andere Offenbarungen als den Koran und liefern Beweise für jeden, der Hadith ablehnt.

Die Frauen des Propheten

(Sure At-Tahrim 66:3)
Denken Sie daran, als der Prophet einmal einer seiner Frauen etwas anvertraute, als sie es dann einer anderen Frau offenbarte und *Allah machte es ihm bekannt*, er präsentierte ihr einen Teil dessen, was offengelegt wurde, und übersah einen Teil.
Als er es ihr mitteilte, rief sie: „Wer hat dir das erzählt?" Er antwortete, *"Ich wurde vom Allwissenden und Allwissenden informiert."*

Der obige Vers weist darauf hin, dass Allah das gegeben hat *Prophetenoffenbarung getrennt vom Koran.* Dies wurde dem Propheten offenbart, als eine seiner Frauen, der er anvertraute, die Informationen einer anderen Frau mitteilte. Es gibt keinen anderen Vers im Koran, in dem Allah den Propheten über die Offenlegung seiner Frau gegenüber dem anderen informiert. Das bedeutet, dass der Prophet Offenbarungen von Allah unabhängig vom Koran erhielt.

Dreitausend Engel

(Sure Ali Imran 3:124)

Denken Sie daran, oh Prophet, als Sie zu den Gläubigen sagten: „Ist es nicht genug, dass Ihr Herr eine Verstärkung von dreitausend Engeln zu Ihrer Hilfe herabsendet?"

Die Frage, die gestellt werden muss, lautet: „Wo sagt Allah im Koran, dass Er die Gläubigen mit dreitausend Engeln stärken wird?" Im Koran gibt es keinen solchen Vers. Der obige Vers beweist, dass der Prophet eine weitere Offenbarung von Allah erhielt, die vom Koran getrennt war.

Zulässigkeit der Intimität in der Nacht vor dem Fasten

(Sure Al-Baqarah 2:187)

Es ist Ihnen erlaubt, in den Nächten vor dem Fasten mit Ihren Frauen vertraut zu sein. Ihre Ehepartner sind ein Kleidungsstück für Sie, so wie Sie es für sie sind.

Allah weiß, dass ihr euch selbst getäuscht habt. Also hat Er Ihre Reue angenommen und Ihnen vergeben. Jetzt kannst du mit ihnen vertraut sein und nach dem suchen, was Allah dir vorgeschrieben hat.

Der obige Vers offenbart, dass Allah weiß, dass Sie sich selbst betrügen, und hat es Ihnen nun erlaubt, in den Nächten vor dem Fasten mit Ihren Frauen vertraut zu sein.

Es gibt keinen ersten Befehl im Koran, der besagt, dass Allah nachts nicht intim sein dürfe vor dem Fasten. Der obige Vers beweist auch, dass der Prophet Offenbarungen von Allah erhielt, die im Koran nicht erwähnt werden.

Richtungswechsel der Qibla

(Sure Al-Baqarah 2:143-144)

Und so haben Wir euch Gläubige zu einer aufrichtigen Gemeinschaft gemacht, damit ihr Zeugen über die Menschheit sein könnt und damit der Gesandte ein Zeuge über euch sein kann.

Wir haben Ihre bisherige Gebetsrichtung zugewiesen nur um diejenigen zu unterscheiden, die dem Gesandten treu bleiben würden, von denen, die den Glauben verlieren würden.

Wahrlich, Wir sehen dich, o Prophet, dein Gesicht dem Himmel zuwenden. *Jetzt werden Wir Sie dazu bringen, sich einer Gebetsrichtung zuzuwenden, die Ihnen gefällt.*

Wenden Sie Ihr Gesicht also der Heiligen Moschee in Mekka zu – wo auch immer Sie sind, wenden Sie Ihr Gesicht ihr zu. Diejenigen, denen die Heilige Schrift gegeben wurde, wissen sicherlich, dass dies die Wahrheit ihres Herrn ist. Und Allah weiß nie, was sie tun.

Der Vers spiegelt wider, dass es eine Verschiebung in der Qibla gab. Die neue Qibla zog von Jerusalem nach Masjid al-Haram. *Der ursprüngliche Befehl, sich Jerusalem zu stellen, findet sich nicht im Koran.*

Die Frage, die gestellt werden muss, lautet: „Woher wusste der Gesandte Allahs (Allahs Frieden und Segen seien auf ihm), wo sich die erste Qibla befand, da es im Koran keinen Befehl gibt?" *Es gibt auch keine Beschreibung der ersten Qibla oder einen Befehl, vor Mekka einer anderen Qibla im Koran zu folgen.*

Die Hikmah (Weisheit)

(Sure Al-Baqarah 2:129)
Unser Herr! Erwecke aus ihrer Mitte einen Boten, der ihnen Deine Offenbarungen verkünden wird, *lehre sie das Buch und die Weisheit,* und reinige sie. Wahrlich, Du allein bist der Allmächtige, Allweise.
(Sure An-Nahl 16:44)
Wir schickten sie mit klaren Beweisen und göttlichen Büchern. *Und Wir haben zu dir, o Prophet, die Erinnerung herabgesandt, damit du den Menschen erklären kannst, was ihnen offenbart wurde, und vielleicht werden sie darüber nachdenken.*

Die Hikmah ist nicht der Koran, da der Prophet die Gläubigen etwas anderes als den Koran lehren muss. *Der Prophet wurde angewiesen, den Menschen die Sunnah zu erklären, damit sie darüber nachdenken können. Die Hikmah ist daher die Sunnah des Propheten.*

KAPITEL FÜNF

Propheten und Gesandte

(Sure Ali-Imran 3:81)
Erinnerst du dich als *Allah schloss einen Bund mit den Propheten und
sagte: „Nun, da ich euch das Buch und die Weisheit gegeben habe,
Wenn ein Gesandter zu dir kommt, der dir bestätigt, was du hast,
musst du an ihn glauben und ihn unterstützen.“*
Er fügte hinzu: „Bestätigen Sie diesen Bund und akzeptieren Sie diese
Verpflichtung?“ Sie sagten: „Ja, das tun wir.“ Allah sagte: „Dann
bezeuge, und auch ich bin ein Zeuge.“

Der Vers informiert uns darüber, dass Propheten (Nabi) Gesandte
(Rasul) Allahs sind, die werden mit neuen Schriften betraut.
Gesandte hingegen sind keine Propheten, sondern bestätigen die
bestehenden Schriften und überbringen den Menschen die göttliche
Botschaft.

Allah erwähnt im Koran fünfundzwanzig Propheten, aber viele
Muslime sind sich einig, dass es auch andere Propheten gab, die Allah
nicht erwähnte. Der Islam erkennt Adam, Ebrahim (Abraham), Ismail
(Ishmael), Musa (Moses), Dawud (David), Isa (Jesus) und Muhammad
als die fünf großen Propheten an.

Die Propheten und Gesandten Allahs hatten unterschiedliche
Funktionen, da Allah die Propheten und Gesandten in zwei
unterschiedlichen Versen im Koran erwähnt. Allah befiehlt uns, keinen
Unterschied zwischen den Propheten zu machen.

(Sure Al-Baqarah 2:136)
Sagt, ihr Gläubigen: „Wir glauben an Allah und an das, was uns
offenbart wurde; und was Abraham, Ismael, Isaak, Jakob und seinen

Nachkommen offenbart wurde; und was Moses, Jesus und anderen Propheten von ihrem Herrn gegeben wurde. ***Wir machen keinen Unterschied zwischen ihnen***. Und wir alle unterwerfen uns Allah."
(Sure Ali Imran 3:84)

Sag, oh Prophet: „Wir glauben an Allah und an das, was uns offenbart wurde und was Abraham, Ismael, Isaak, Jakob und seinen Nachkommen offenbart wurde; und was Moses, Jesus und anderen Propheten von ihrem Herrn gegeben wurde –***Wir machen keinen Unterschied zwischen ihnen,*** und Ihm unterwerfen wir uns völlig."

Allah befiehlt uns in einem anderen Vers auch, keinen Unterschied zwischen den Gesandten zu machen.
(Sure Al-Baqarah 2:285)

Der Gesandte glaubt fest an das, was ihm von seinem Herrn offenbart wurde, und das Gleiche gilt für die Gläubigen. Sie alle glauben an Allah, seine Engel, seine Bücher und seine Gesandten. Sie verkünden, ***„Wir machen keinen Unterschied zwischen seinen Gesandten."***

Und sie sagen: „Wir hören und gehorchen." Wir bitten um Deine Vergebung, unser Herr! Und zu Dir allein gehört die endgültige Rückkehr. Was diejenigen betrifft, die an Allah und seine Gesandten glauben und alles annehmen; niemanden abweisend – Er wird ihnen gewiss ihren Lohn geben. Und Allah ist allverzeihend und barmherzig.

Allah verdeutlicht die Verantwortung der Propheten und Gesandten und möchte, dass die Menschheit den Kontext der Koranverse versteht, wenn es um die Propheten und Gesandten geht. ***Allah unterstreicht diesen Punkt, indem er im folgenden Vers den Gesandten und den Propheten getrennt erwähnt.***
(Sure Al-Hajj 22:52)

Wann immer Wir einen Gesandten oder Propheten sandten Bevor du, o Prophet, Unsere Offenbarungen rezitierte, würde Satan das Verständnis der Menschen für seine Rezitation beeinflussen. Aber irgendwann würde Allah den Einfluss Satans beseitigen. Dann würde

Allah Seine Offenbarungen festigen. Und Allah ist allwissend und allweise.

Jeder Prophet (Nabi) ist ein Gesandter (Rasul), aber nicht jeder Gesandte ist ein Prophet. *Allah hat nicht gesagt, dass Mohammed das Siegel der Gesandten ist, sondern das Siegel der Propheten.*
(Sure Al-Ahzab 33:40)
Muhammad ist nicht der Vater eines deiner Männer, *sondern ist der Gesandte Allahs und das Siegel der Propheten.* Und Allah hat vollkommenes Wissen über alle Dinge.

Wir lernen aus dem Koran, dass jeder Prophet ein Gesandter ist, aber nicht jeder Gesandte ist ein Prophet. Allah sandte Propheten wie Moses (Thora), David (Psalmen), Jesus (Injeel) und Muhammad (Koran), um göttliche Offenbarungen zu bestätigen und zu überbringen.

Der Koran ist die letzte Schrift, die Allah der Menschheit gesandt hat, da Mohammed das Siegel der Propheten ist.
(Sure Al-Imran 3:3)
Er hat dir, o Prophet, das Buch in Wahrheit offenbart und bestätigt, was davor war, so wie Er die Thora und das Evangelium offenbarte.

Den Gesandten wurden bestimmte Aufgaben übertragen, die sie erfüllen mussten, ohne eine neue Schriftstelle zu überbringen. Die Gesandten übertreffen daher die Zahl der Propheten. Allah brauchte nicht alle Gesandten im Koran zu nennen.
(Sure Ghafir 40:34)
Joseph kam schon früher mit klaren Beweisen zu dir, doch du hast nie aufgehört zu zweifeln, womit er zu dir kam. *Als er starb, hast du gesagt: „Allah wird niemals einen Boten nach ihm schicken."* „So lässt Allah jeden Übertreter und Zweifler im Stich.

Der Koran erwähnt den Unglauben und Zweifel von Nationen und Stämmen, die sagen, dass Allah nach Josephs Tod nie wieder einen Gesandten senden wird. Sie dachten, dass Joseph der letzte Gesandte sei.

Die Ummah des Gesandten Allahs war nicht die letzte Nation, der Allah einen Gesandten sandte. Der folgende Vers bezieht sich implizit auf diese Tatsache.

(Sure An-Nisa 4:164)
Es gibt Boten, deren Geschichten Wir Ihnen bereits erzählt haben, und andere, die Wir Ihnen noch nicht erzählt haben. Und Allah sprach direkt zu Moses.

(Sure Yunus 10:47)
Und für jede Nation gibt es einen Boten. Nachdem ihr Bote gekommen ist, wird ihnen in aller Gerechtigkeit ein Urteil gefällt, und es wird ihnen kein Unrecht zugefügt.

Allah wendet sich bis in alle Ewigkeit an alle Nationen wo Boten zu jeder Nation auf der Erde geschickt werden, um seine göttliche Führung zu empfangen.

Dieser Vers besagt auch, dass die Gesandten am Leben sind, wenn sie Allahs Botschaft überbringen. Dies widerspricht der Behauptung, Mohammed sei der letzte Gesandte Allahs gewesen.

(Sure Al-Ahqaf 46:9)
Sagen, "*Ich bin nicht der Erste Bote jemals gesendet, und ich weiß auch nicht, was mit mir oder Ihnen passieren wird.* Ich folge nur dem, was mir offenbart wird. Und ich werde nur mit einer klaren Warnung geschickt."

KAPITEL SECHS

Allahs Ein Buch

Der Koran, das Evangelium und die Thora gelten alle als göttliche Offenbarungen, die jeweils einzigartige Erzählungen und Lehren enthalten und einen gemeinsamen Glauben an den Monotheismus teilen.

Der Koran gilt als die letzte Schrift Allahs bekräftigt die göttlichen Offenbarungen des Evangeliums und der Thora. Der Koran weist die Gläubigen auch an, diese Schriften zu respektieren, auch wenn sie mit verschiedenen Propheten in Verbindung gebracht und in verschiedenen Sprachen offenbart wurden.

Die Erzählungen und Lehren, die für den Koran Arabisch, für die Evangelien Griechisch und für die Thora Hebräisch waren, wurden im Kontext ihrer jeweiligen religiösen Traditionen verstanden und interpretiert.

Allah fällt drei Urteile gegen diejenigen, die nicht in Übereinstimmung mit dem urteilen, was Allah offenbart hat. Das erste ist, dass sie Ungläubige sind, das zweite sind Übeltäter und das dritte sind Übertreter.

(Sure Al-Ma'idah 5:44-47)
Tatsächlich haben Wir die Thora offenbart, enthält Führung und Licht, durch die die Propheten, die sich unterwarfen Gottgemacht JVorschläge für Juden.

So urteilten auch die Rabbiner und Gelehrten nach Allahs Buch, das ihnen anvertraut und zu dessen Hütern sie gemacht wurden. Fürchtet euch also nicht vor den Menschen; fürchte mich! Ich tausche meine Enthüllungen auch nicht gegen einen flüchtigen Gewinn ein. *Und diejenigen, die nicht nach dem urteilen, was Allah offenbart hat, sind wahrlich die Ungläubigen.*

Der Vers Highlights dass die Juden der Thora folgen müssen, die Führung und Licht enthält.

Wir für sie bestimmt In der Thora heißt es: „Ein Leben um ein Leben, ein Auge um ein Auge, eine Nase um eine Nase, ein Ohr um ein Ohr, ein Zahn um einen Zahn – und für Wunden ist es Vergeltung." Wer aber barmherzig darauf verzichtet, für den wird es eine Sühne sein. *Und diese Diejenigen, die nicht nach dem urteilen, was Allah offenbart hat, sind wahrlich die Übeltäter.*

Dann sandten Wir in den Fußstapfen der Propheten Jesus, den Sohn Marias, um die vor ihm offenbarte Thora zu bestätigen. *Und Wir gaben ihm das Evangelium, das Führung und Licht enthielt und bestätigte, was in der Thora offenbart wurde*– ein Leitfaden und eine Lektion für Gottesfürchtige.

Allah fordert die Christen auf, dem Evangelium zu folgen und bestätigt auch die Offenbarungen in der Thora. Allah erwähnt nicht, dass die Christen dem Koran folgen müssen.

Lassen Sie also die Menschen des Evangeliums nach dem urteilen, was Allah darin offenbart hat. *Und diejenigen, die Urteile nicht nach dem, was Allah offenbart hat wirklich der Rebellische.*

Die Propheten haben niemals einen anderen Propheten geleugnet, der vor ihnen kam. Jeder Prophet bestätigte die Botschaften seiner Vorgänger. Allah unterstützt und bestätigt alle vorhergehenden Schriften, die Er den Propheten sandte.

(Sure An-Nisa 4:136)

O Gläubige! Vertraue Allah, Seinem Gesandten, dem Buch, das Er Seinem Gesandten offenbart hat, *und die Schriften, die Er zuvor offenbart hat*. Tatsächlich ist jeder, der Allah, Seine Engel, Seine Bücher, Seine Gesandten und den Jüngsten Tag leugnet, offensichtlich weit in die Irre gegangen.

Der Prophet (Möge Allahs Frieden und Segen auf ihm sein) kam, um die Verse der Thora und des Evangeliums zu klären. Allah befiehlt den Gläubigen, an die Schriften zu glauben, die Er zuvor gesandt hat. Es gibt jedoch Muslime, die Allahs Befehl nicht befolgen, weil sie nicht an die Thora und das Evangelium glauben.

(Sure Al-Ankabut 29:46)

Streiten Sie nicht mit den Leuten des Buches, es sei denn, Sie würden höflich sein, außer mit denen unter ihnen, die unrechtmäßig handeln. Und sag, *"Wir glauben an das, was uns und Ihnen offenbart wurde. Unser Gott und euer Gott ist nur einer. Und Ihm unterwerfen wir uns völlig."*

Allah fordert die Gläubigen auf, nicht mit den Leuten der Schrift zu streiten und ihre Schriften zu respektieren *Ihr Gott und unser Gott sind eins.*

(Sure Al-Ma'idah 5:68)

Sag, oh Prophet: „O Leute des Buches! *Du hast nichts, worauf du stehen kannst, wenn du nicht die Thora, das Evangelium und das befolgst, was dir von deinem Herrn offenbart wurde."* Und die Offenbarung deines Herrn an dich, o Prophet, wird bei vielen von ihnen nur noch mehr Bosheit und Unglauben hervorrufen. Trauern Sie also nicht um die Menschen, die ungläubig sind.

Die Thora und das Evangelium können nicht als aufgehoben betrachtet werden Da Allah sehr klar ist, dass das *Thora und Evangelium müssen beachtet werden.* Dies bedeutet nicht, dass Muslime den Gesetzen der Thora und des Evangeliums folgen müssen, sondern dass sie diese anerkennen *glauben, dass die vorherigen Schriften eine Quelle göttlicher Offenbarungen sind.*

(Sure Az-Zukhruf 43:3-4)

Gewiss, Wir haben es zu einem Koran auf Arabisch gemacht, also werden Sie es vielleicht verstehen. *Und tatsächlich, es steht im Master Record bei uns* hochgeschätzt, reich an Weisheit.

Die Thora, die Evangelien und der Koran sind allesamt unterschiedliche Ausgaben von Allahs Einem Buch. Diese Ansicht wird möglicherweise nicht von allen christlichen und jüdischen Gläubigen geteilt, da Interpretationen und Überzeugungen innerhalb der Religion unterschiedlich sein können. Der *Stammdatensatz* Was im Koran erwähnt wird, liegt bei Allah, wo der Ursprung aller Schriften bewahrt wird.

www.ingramcontent.com/pod-product-compliance
Lightning Source LLC
Chambersburg PA
CBHW031500130726
47989CB00003B/1472